... wir sind auch in diesem Buch

Häuptling Mark — Penni — Stinki Skunk — Fröschel — Knolli Käfer — Hoppi Grashupf — Misi Ameis — Hansi Eichhorn — Otto Wurm — Muffi Ameisenbär — Wendelin

„Mein allerschönstes ABC" ist ein ungemein praktisches Buch. Es ist ein Wörterbuch, ein Geschichtenbuch und ein Bilderbuch zugleich und handelt von lustigen und freundlichen Leuten. Zum Beispiel von der dicken Hilda Hippo, die so fett ist, daß sie in jeder Telefonzelle steckenbleibt, oder vom ungeschickten Tischler Biber Kowitsch, der alles kurz und klein schreinert. Außerdem kommt der verrückte Graf Krah vor, der sich mit seinem Flugzeug wirklich höchst sonderbar benimmt, und die zerstreute Mamma Bär, die alle Sonntagskuchen verbrennen läßt.

Es gibt natürlich noch eine Menge anderer netter Leute, aber ein Vorwort ist schließlich nicht dazu da, schon alles im voraus zu verraten. Dann brauchte man nämlich überhaupt keine Bücher mehr, sondern es gäbe nur noch Vorworte und alle Büchereien hießen Vorwortereien. Das geht nicht.

Ein richtiges Vorwort ist eine Erklärung, und unser allerschönstes ABC-Vorwort erklärt jetzt: Lieber Leser, Du kannst aus dem „allerschönsten ABC" sehr viel lernen. Nicht nur, daß bellende Küken gerne Bücher über Hunde lesen und daß man sein Auto nicht auf einem Sofa parken soll, sondern auch, wie 500 Wörter der deutschen Sprache richtig benutzt werden und selbstverständlich das ABC. Du wirst bemerken, daß viele Wörter mehrfache Bedeutungen haben und daß man nicht genug von ihnen kennen kann, um sich genau und richtig auszudrükken. Die Anwendungsregeln erfährst Du beinahe von selbst. Wenn Du unser Buch gelesen hast, wirst Du vielleicht sehr klug sein. Bestimmt aber ein bißchen klüger. Viel Spaß!

DIE HÜBSCHEN MÄDCHEN

Hannibal Elefant Schrumpel Schildkröt Krabbelkrabbe Kroko Lachner Mädi und Molli Nashorn

Mein allerschönstes ABC

Ein Wörter-, Bilder- und Geschichtenbuch
von Richard Scarry
Deutsch von Katrin Behrend

Delphin Verlag

Franzi Strauß Grimbart Biber Kowitsch Bobo Bock

Peli Khan und Dingo

A B C D E
F G H I J K
L M N O P
Q R S T U
V W X Y Z

8. Auflage 1981
© 1966 Richard Scarry.
Veröffentlicht aufgrund einer Vereinbarung mit Golden Press Inc., New York.
Für die deutsche Ausgabe © 1969 Delphin Verlag, München und Zürich.
ISBN 3·7735·4921·0
Printed in Great Britain by Purnell and Sons Ltd., Paulton, Bristol.

Aa Aa

aufregend!

aber

Auf dem Teller liegen sechs Würste, **aber** lange werden sie dort nicht bleiben. Säuli hat großen Appetit.

abliefern

Bobo **liefert** bei Grimbart ein Päckchen **ab.** Irgend etwas ist in dem Päckchen ausgelaufen, Bobo.

alle

Die Vagabunden haben **alles** aufgegessen. Sie haben nichts von Mammas Pudding übriggelassen. **Alle** drei sind zufrieden.

allein

Mau-Mau spielt ohne seine Freunde. Er ist **allein.** Er weiß, daß Schlammkuchen nicht nur mit Sand **allein** gebacken werden. Man braucht auch Wasser dazu.

alt

Opa ist sehr **alt.** Er ist nicht mehr jung. Er fährt in einem **alt**modischen Auto. Es ist schon 50 Jahre **alt.**

Alter

Kratzi ist fünf Jahre alt. Sein **Alter** ist fünf Jahre. Zu seinem Geburtstag hat er ein hübsches Geschenk bekommen.

an

Kratzi stellte den Staubsauger **an** und wollte sich **an** die Arbeit machen.

anbieten

Hans Dampf versucht, sein verbogenes Dreirad zu reparieren. Biber Kowitsch **bietet** ihm seine Hilfe **an.** Hans Dampf nimmt das Angebot lieber nicht an.

anderer

Spitzi rutscht aus, als er sich seinen **anderen** Schuh zuschnüren will. Stumpfi wechselt das Tischtuch. Sie legt ein **anderes** auf.

anhalten

Der Bus **hält** vor der Haltestelle **an.** Mutter Schwein muß aussteigen, weil das **anhaltende** Geschrei ihrer Kinder die Fahrgäste gestört hat.

anstatt

Es ist zum Verzweifeln! **Anstatt** daß Piep „piep, piep" sagt, bellt es wie ein Hund „wauwau!"

Antwort   antworten

Mutti Häschen erwartet auf ihre Fragen eine ehrliche **Antwort.** Aber Fluppi **antwortet** nur, daß sie die Kanne nicht kaputtgemacht hat.

anziehen

Hoppi will sich immer ohne Hilfe **anziehen.** Hemd und Hose hat er schon **angezogen.** Aber stimmt das denn auch?

Arbeit arbeiten

Auf dem Weg zur **Arbeit** ist Dingo mit seinem Auto in den Fluß gefahren. Jetzt **arbeitet** Hau Ruck daran, es wieder flott zu bekommen. Er ist ein guter **Arbeiter.**

ärgern

Lucki hat Quieker **geärgert.** Quieker **ärgert** sich maßlos, daß er Lucki nicht auch eins auswischen kann.

arm

Biber Kowitsch ist ein **armer** Tischler. Er hat keine Nägel, um den Stuhl von Hill zu reparieren.

Atem atmen

Die dicke Hilda **atmet** ein und aus. Ihr **Atem** ist so heftig wie ein Wirbelwind. Quieker wackelt auf seiner Leiter hin und her.

auch

Kratzi kann nicht nur auf seinem Waldhorn spielen, sondern **auch** auf Trommel und Becken.

auf

Die Sonne ging **auf.** Kikidi stand **auf.** Er knöpfte sich die Jacke **auf,** erhob sich **auf** seine Zehenspitzen und krähte: „KIKIDI!" Gluckudu wünschte sich, daß er **auf**hörte und sie noch ein bißchen schlafen ließe.

aufhören

Lucki hat Fluppi gequält. Aber als Bellentein erscheint, muß er sofort damit **aufhören.**

Aufmerksamkeit aufmerksam

Gluckudu unterrichtet ihre **aufmerksam** zuhörenden Küken gerade im Futterscharren. Piep hat seine **Aufmerksamkeit** jemand anderem zugewendet. Hör lieber zu, was Mama sagt.

aufregen

Tigo ist mächtig **aufgeregt.** Kein Wunder, denn er hat gerade einen Riesenfisch gefangen.

Ausgang

Als der Film zu Ende ist, will Brummi das Kino durch einen **Ausgang** verlassen.

aussehen

Die Schweinchen **sehen** eines wie das andere **aus.** Sie gleichen sich aufs Haar.

außer

Die Küken singen ein wunderschönes Lied. Alle, **außer** einem.

außerdem

Warzel macht sich schön. Gerade hat er sein Gesicht gepudert. **Außerdem** überschüttet er sich mit Haarwasser.

Auto

Dingo hat ein neues **Auto,** einen glänzenden roten Sportwagen. Paßt auf, Lastwagen und **Auto**busse! Dingo ist ein wilder Fahrer.

Taxi

Rennwagen

Abschleppwagen

Polizeiauto

Krankenwagen

Postauto

Müllauto

Feuerwehrauto

Lieferwagen

Personenkraftwagen

Bb *Bb* bravo!

backen

Mamma Bär vergißt beim **Backen** immer wieder, daß der Kuchen rechtzeitig aus dem Ofen gezogen werden muß.

Badezimmer

Die dicke Hilde nimmt im **Badezimmer** ein Bad.

Bank

Mutter Schwein bringt ihr Geld auf eine große **Bank**.

Säuli wirft sein Geld in ein Sparschwein.

Vater Schwein saß auf einer **Bank** am Fluß und angelte. Plötzlich biß ein großer Fisch an.

bald

Graf Krah wird **bald** vollkommen durchnäßt sein. Es kann nicht mehr lange dauern.

beide

Fluppi hat sich **beide** Ohren gewaschen. Hoppi glaubt, daß ein sauberes Ohr genügt. Geh und putz dir auch das andere, Hoppi!

beißen biß gebissen

Säuli **beißt** in den Kuchen. Schluck nicht so große Bissen hinunter!

bestrafen

Hoppi **bestraft** seine neuen Hosen dafür, daß sie schmutzig geworden sind. Er versetzt ihnen eine Tracht Prügel.

benehmen

Einige Kinder können sich sehr gut **benehmen**, andere nicht. **Benehmt** Ihr euch immer gut? Macht Ihr immer alles richtig? Immer?

Besuch

Ein alter Freund von Pappa ist zu **Besuch** gekommen. Er lacht schrecklich viel und laut. Pappas **Besuch** will acht Wochen bleiben. Das wird ein sehr langer **Besuch** werden.

Benzin

Hau Ruck füllt **Benzin** in den **Benzin**tank ein.

beschützen

Schrumpel **beschützt** die kleinen Küken. Jetzt können sie nicht naß werden.

beugen

Leo ist hingefallen und hat seine Ski verbogen. Bellentein **beugt** sich über ihn, um ihm zu helfen.

bevor

Bevor Vater zur Arbeit in die Stadt fährt, ißt er sein Frühstück.

Leider fährt ihm der Zug vor der Nase weg, **bevor** er einsteigen kann.

binden band gebunden

Stinki **band** seine Schnürsenkel zu. Dabei hat er seine Stiefel zusammen**gebunden.**

Birne

Da die Lampe nicht leuchtete, hat Pappa Bär die **Birne** ausgewechselt. Die alte Glüh**birne** wirft er weg.

bis

Großmutter strickt einen Pullover für Kritzi. Sie will so lange stricken, **bis** alle Wolle aufgebraucht ist.

bitte bitten bat gebeten

Brummi sagt: „**Bitte!**", wenn er seine Mutter um etwas **bittet.** Seine Mutter freut sich, daß er so gute Manieren hat.

Blase

Tigo macht Seifen**blasen.** Eine **Blase** ist auf Brummis Nase geplatzt.

blasen blies geblasen

Der Wind muß **blasen.** Er **bläst** die arme Hill vor sich her. Da **bläst** der Polizist in seine Pfeife. Halt! Du bist zu schnell! Das ist verboten!

bleiben blieb geblieben

Hoppi **bleibt** im Faß sitzen. Stinki steigt hinaus.

brauchen

Warzel **braucht** einen neuen Haarschnitt.
Der Friseur benützt einen **gebrauchten** Kamm.
Auch er **brauchte** einen Haarschnitt.

Brett

Biber Kowitsch sägt ein **Brett** durch, während Schrumpel und Krabbelkrabbe auf einem **Brett** Mühle spielen.

Boot

Das **Boot** von Hans Dampf hat ein Leck. Durch das Loch dringt Wasser in das **Boot** ein. Es wird sinken. Da bohrt Hans Dampf ein anderes Loch, weil er denkt, daß das Wasser dort wieder hinausfließt. Ist er nicht dumm?

Brief

Quieker schreibt einen **Brief** an den Mann im Mond: Lieber Mann im Mond! Bist du aus Käse?

Briefmarke

Mutti versucht, eine **Briefmarke** auf ihren Brief zu kleben. Ärgerlich stampft sie mit dem Fuß auf.

bringen brachte gebracht

Einmal in jedem Monat **bringt** Mutter Schwein die Schweinchen zum Friseur.

Buch

Häuptling Mark liest seiner kleinen Tochter Penni aus einem **Buch** vor.

Buchstabe

Ali Kater sagt: „Ein Wort besteht aus mehreren **Buchstaben.** Einige **Buchstaben** sind groß. Einige sind klein. Alle **Buchstaben** des Alphabets stehen vorne im Buch."

Quieker lernt gerade, wie man die einzelnen **Buchstaben** schreibt. Welche **Buchstaben** kennst Du?

Bücherei

Piep hat sich in der **Bücherei** ein Buch geliehen. Es geht damit nach Hause, um darin zu lesen.

Bügeleisen

Mutti Häschen war gerade dabei, Vatis Hemd zu bügeln. Da läutete es. Jetzt bügelt das **Bügeleisen** Vatis Hemd allein.

bürsten Bürste

Warzel **bürstet** sich seine Haare mit einer **Bürste**. Sieht er nicht fein aus?

Chauffeur

Dingo ist ein schlechter **Chauffeur**. Mit Vollgas fährt er in ein Lieferauto.

Chor

Die Schweinchen heulen im **Chor**. Sie vergießen wahre Tränenbäche.

Café

Muffi sitzt in einem **Café** und schlürft ein Glas Limonade.

Campingplatz

Im Sommer fährt die Schweinchenfamilie zum **Campingplatz** ans Meer.

Dd Dd

Deckel

Plötzlich kracht es und der **Deckel** fliegt vom Topf. Vor Schreck bedeckt Mamma ihre Augen.

Decke

Säuli schläft mit der **Decke** über dem Kopf.

denken dachte gedacht

Elias **dachte,** daß ein Ei genauso hüpfen kann wie ein Gummiball. Er ist kein guter Denker.

dick

Biber Kowitsch sägt den **dicken** Ast durch. Hans Dampf sägt den dünnen Zweig durch. Wer wird wohl zuerst fertig sein?

dies

Dieser Wurm heißt Otto. Er ist immer sehr hungrig. **Dieses** Mal besteht seine Mahlzeit ausschließlich aus Äpfeln.

Ding

Was für ein **Ding** hat Dingo bloß mit ins Haus genommen? Das **Ding** gehört auf die Straße und nicht aufs Sofa.

doppelt Quiekers neues Auto ist **doppelt** so lang wie ein gewöhnliches. Dingos Rennwagen ist nur halb so groß.

Dorf

Hier steuert Quieker durch ein kleines **Dorf**. Wird er in der Stadt auch so gut fahren können?

dort

Hier hat Knolli Käfer gesessen und sein Abendbrot gegessen. Jetzt krabbelt er **dort** über den Tisch, um sich noch ein bißchen Butter zu holen.

drehen

Mau-Mau soll nicht an Vaters Uhr **drehen**. Er tut es trotzdem. Natürlich über**dreht** er die Feder. Da **dreht** der Vater sich um.

draußen

Hans Dampf arbeitet drinnen, Biber Kowitsch **draußen**.
Ali Kater, streicht die Außenseite des Hauses.

drucken

Grimbart borgte sich ein Buch. Es ist in einer Druckerei **gedruckt** worden. Aber Grimbart, bist du in die Druckerschwärze getreten?

drücken

Da sein Anzug zer**drückt** ist, legt Pappa ihn in die Bügelmaschine. Der Bügelmeister **drückt** auf einen Knopf — und der Anzug wird wieder glatt.

dunkel Dunkel

In der Nacht ist es **dunkel**. Plinkereule hat eine Taschenlampe, damit sie in der Dunkelheit besser sehen kann. Sie fürchtet sich nicht im **Dunkeln**.

Ee

eben

Eben ist Mutter dabei, Mau-Mau in die Badewanne zu stecken. Wäre der Boden nicht **eben**, könnte sie nicht schnell genug laufen.

Ecke

Pappa Bär wartet an einer **Ecke** auf den Bus. In einer **Ecke** seines Koffers liegt nur noch ein Schuh.

ehrlich

Bellentein ist **ehrlich**. Er sagt immer die Wahrheit. Er lügt nie.

einer   eine   eines

Die Vagabunden wollen **eine** Radtour machen. Leider haben sie zu dritt nur **ein** Fahrrad. **Einer** fällt hinunter und muß schwimmen.

Eingang

Mamma Bär ist in die Bäckerei gegangen. Am **Eingang** stehen die Vagabunden und warten auf sie.

einmal

Einmal hat Kratzi Bellentein besucht. Aber das hat er nur **einmal** getan, denn zum Abendessen gab es Knochen. Kratzi aß einen, aber das wird er nicht noch **einmal** tun. Er wird nie wieder einen Knochen essen.

Eis

Die dicke Hilda läuft Schlittschuh auf dem **Eis.**

Ende

Bobo hat das **Ende** des Buches erreicht. Er hat die Geschichte zu **Ende** gelesen. Was hängt denn bloß an seinem Horn**ende**?

eng

Säulis Anzug ist zu **eng.** Hoppis Jacke ist zu weit.

entscheiden

Theo ißt Eis. Er kann sich nicht **entscheiden**, welchen Löffel er zuerst nehmen soll.

entschuldigen

Bellentein ist mit der dicken Hilda zusammengestoßen. „**Entschuldige** bitte", sagt er. Die dicke Hilda nimmt seine **Entschuldigung** an.

entweder oder

Kratzi darf sich **entweder** eine Tuba **oder** eine Mundharmonika wünschen. Großmutter schenkt ihm nur eines von beiden.

Erde

Die Sonnenblume wächst aus der **Erde**. Misi sonnt sich gerade auf der Sonnenblume. Wir leben auf der **Erde**. Otto ist ein Regenwurm und lebt in der **Erde**.

erinnern

Käpt'n Fischkopf hielt sein Boot an. Er **erinnerte** sich, daß er hier Anker werfen sollte. Er **erinnerte** sich jedoch zu spät, daß er ja seinen neuen Anzug anhatte.

erzählen

Mutter Katz **erzählt** Vater etwas. Ob er wohl zuhört?

Eßzimmer

Säuli ist ins **Eßzimmer** gegangen, um sich an den Eßtisch zu setzen. Aber er hat etwas Wichtiges vergessen.

Super-Säuli!!!!!!

Ff *Ff*

fantastisch!

fahren fuhr gefahren

Dingo **fuhr** mitten durch I-aahs Kornfeld. Du bist ein sehr schlechter Fahrer, Dingo.

fallen fiel gefallen

Quieker legte sich unter einen Baum und **fiel** in tiefen Schlaf. Lucki stolperte über ihn und **fiel** auf die Nase. Nun ist ihm auch noch ein Apfel auf den Kopf **gefallen.** Armer Lucki!

falten

Krabbelkrabbe **faltet** Papierhüte aus alten Zeitungen.

falsch

Biber Kowitsch, du zersägst das Brett von der **falschen** Seite. Lern erst, wie man es richtig macht, sonst verletzt du dich noch.

fast

Vater erreichte seinen Bus **fast** nicht mehr. Er hätte ihn beinahe versäumt.

Familie

Vater Katz — Mau-Mau — Großmutter — Mutter — Schwester Kritzi — Onkel Luis — Bruder Kratzi — Tantchen und alle Vettern und Kusinen

Onkel und Tante Katz und ihre Kinder besuchen die Katzen**familie**. Onkel Luis ist der Bruder von Mutter Katz. Was für eine große **Familie!**

fangen fing gefangen

Hoppi wollte den Ball **fangen.** Da verfingen sich seine Hosen in einem Strauch und zerrissen. Was **fange** ich jetzt bloß an?

Ferien

Dingo ist in die **Ferien** gefahren. Er läßt sich sein Frühstück ans Auto bringen.

fertig

Das Bad ist **fertig.** Aber wo sind die Schweinchen?

fett

Hilda ist **fett.** Wendelin ist mager. Er ist nur dann **fett,** wenn er eine Melone gegessen hat.

Feuer

Aus dem Hause dort schlagen Flammen. Es brennt. Der **Feuer**wehrmann richtet den Wasserstrahl auf das **Feuer** und löscht es.

Figur

Figuren können viereckig oder rund oder oval oder dreieckig sein. Die dicke Hilda hat auch eine **Figur.**

finden fand gefunden

I-aahs Hose war nicht zu **finden;** sie war verschwunden. Schließlich **fand** I-aah sie auf einem Regal sitzend.

Fisch

Die Mitglieder des **Fisch**suppenclubs essen gerade **Fisch**suppe und erzählen sich Fischergeschichten. Hör auf in der Suppe herumzuflundern, Flunder.

fleißig

Gordon ist **fleißig.** Er räumt seine Rumpelkammer auf

flicken

Großmutter hat Hannibals Hosen **geflickt.** Das ist aber ein riesiger **Flicken,** Großmutter.

fliegen   flog   geflogen

Graf Krah ist in einen Eisenbahntunnel **geflogen.** Er **fliegt** öfter verkehrt.

flüssig

Wasser ist eine Flüssigkeit. Es fließt. Wenn es friert, wird es fest. Dann ist es nicht mehr **flüssig.**

Frage

Kratzi stellt seiner Mutter eine **Frage.** Die **Frage** lautet: „Darf ich nach draußen gehen?" Die Antwort auf diese **Frage** ist ein Nein.

fragen

Die Vagabunden **fragen** Mamma, ob sie etwas zu essen für sie hätte. Mamma **fragt,** ob sie sich vorher waschen könnten.

Fremder

Ein **Fremder** klopft an die Tür. Niemand kennt ihn. Einem **Fremden** dürfen Kinder nicht die Türe öffnen.

Freund Freundschaft

Theo und Franzi haben **Freundschaft** geschlossen. Sie sind gute **Freunde.** Theo umarmt Franzi gerade **freundschaftlich.**

fürchten

Die Schweinchen **fürchten** sich vor dem Wasser. Dumme Schweinchen! Wasser und Seife tun überhaupt nicht weh.

frisch

Hm, **frisches** Kuchenbrot schmeckt gut. Aber paß auf, die Bank ist **frisch** gestrichen.

füttern

Mau-Mau **füttert** sich selbst. Du mußt den Löffel in den Mund stecken. Hörst du — in deinen Mund!

früh

Kikidi steht sehr **früh** auf. Gluckudu dagegen ist eine Langschläferin.

Gg Gg

füllen

Fröschel **füllt** sein Auto mit Wasser. Im Nu ist es auch mit Kindern **gefüllt.**

Garage

Hans Dampf repariert in seiner **Garage** kaputte Autos.

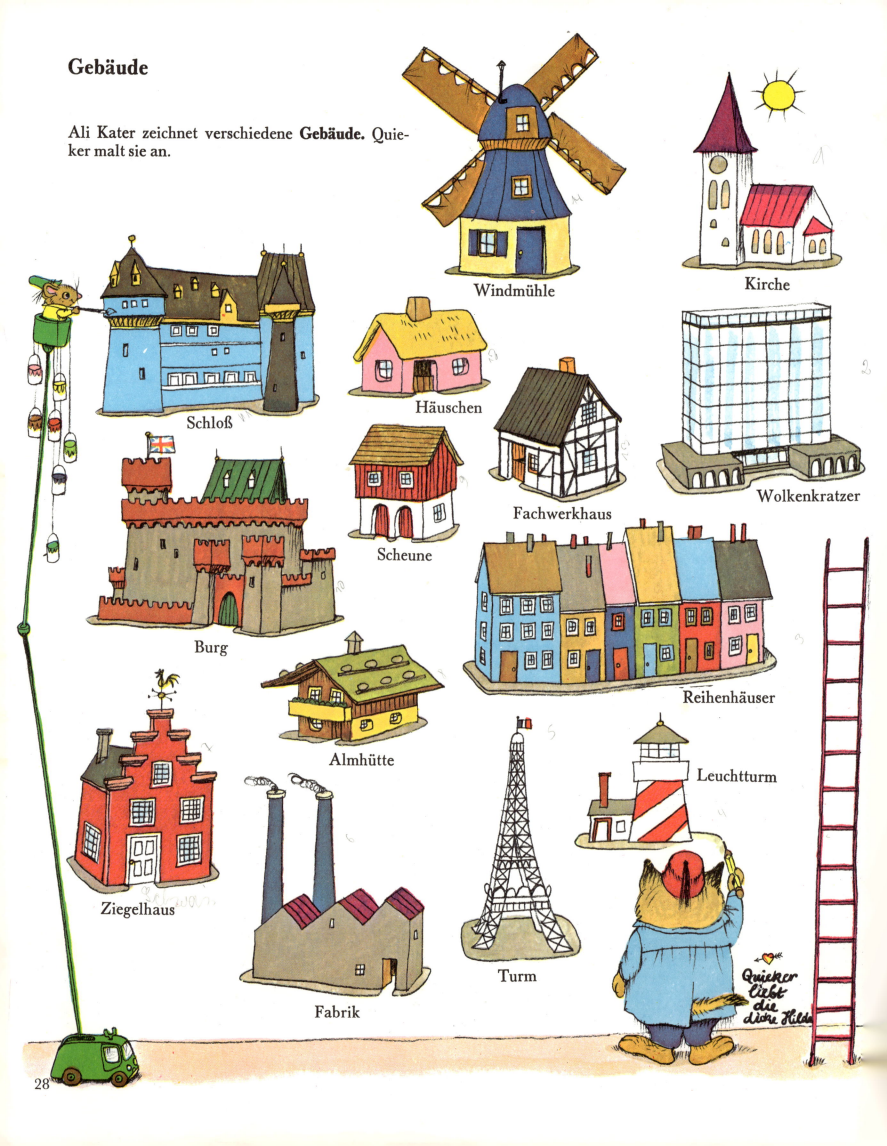

Gebäude

Ali Kater zeichnet verschiedene **Gebäude.** Quieker malt sie an.

- Windmühle
- Kirche
- Schloß
- Häuschen
- Fachwerkhaus
- Wolkenkratzer
- Burg
- Scheune
- Reihenhäuser
- Almhütte
- Leuchtturm
- Ziegelhaus
- Fabrik
- Turm

geben gab gegeben

Großmutter hat Kratzi Geld **gegeben,** damit er sich ein neues Instrument kaufen kann. Kratzi **gibt** sich viel Mühe, um ihr eine kleine Freude zu machen.

Geburtstag

Quieker ist zu Kritzis **Geburtstag**sparty gegangen und in die Eisbombe gefallen. Kriech schnell wieder heraus, sonst wirst du womöglich gegessen, Quieker.

Gefahr gefährlich

Dingo, siehst du denn nicht, daß **GEFAHR** auf dem Schild steht? Du fährst **gefährlich** schnell.

gegen

Die Katzenbuben kämpfen **gegen**einander. Gerade schubst der eine den anderen **gegen** Mutter Schweins Wäscheleine.

gehören

Das Kanu **gehört** Elias. Er besitzt es. Fröhlich pfeifend paddelt er darin den Fluß hinunter.

gehorchen

Brummi **gehorcht** Mamma und putzt seine schmutzigen Füße ab, bevor er das Zimmer betritt.

Geld

Kritzi verdient sich Taschen**geld**, indem sie auf ihren Bruder Mau-Mau aufpaßt. Von dem **Geld** kauft sie sich eine Puppe.

Gemüse

I-aah hat auf seinem Feld **Gemüse** angebaut. Jetzt fährt er damit zum Markt, um es zu verkaufen. O jeh, was für eine holprige Straße.

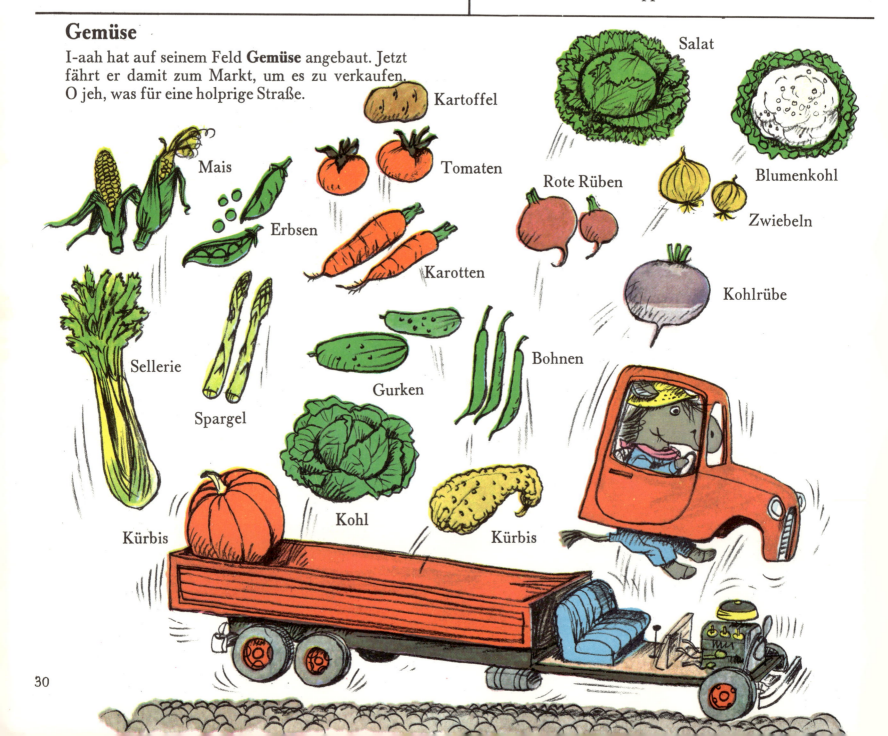

Kartoffel
Mais
Tomaten
Salat
Erbsen
Rote Rüben
Blumenkohl
Karotten
Zwiebeln
Sellerie
Kohlrübe
Spargel
Gurken
Bohnen
Kürbis
Kohl
Kürbis

genug

Peli Khan hat zum Abendbrot **genug** Fische gegessen. Mehr kann er einfach nicht hinunterschlucken.

Gepäck

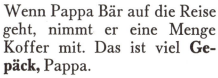

Wenn Pappa Bär auf die Reise geht, nimmt er eine Menge Koffer mit. Das ist viel **Gepäck,** Pappa.

gerade

Gerade ist Kikidi aus dem Schuhladen gekommen, wo er sich neue Schuhe gekauft hat. Jetzt geht er **gerade**wegs nach Hause.

geschehen geschah geschehen

Wie konnte es **geschehen,** daß die Motten Mammi Häschens Pelzmantel halb aufgefressen haben? Mammi hatte vergessen, ihn einzumotten. Dann **geschah** es ihr recht.

Geschichte

Vater liest Mau-Mau eine **Geschichte** vor. Sie handelt von drei Kätzchen.

gesund

 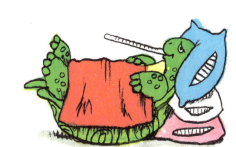

Plinkereule ist vollkommen **gesund.** Sie fühlt sich wohl. Schrumpels Gesundheit ist angegriffen. Er ist krank.

gewinnen gewann gewonnen

Wer **gewann** in Mammas Wettbewerb den ersten Preis für das schmutzigste Gesicht? Der Gewinn war ein Stück Seife. Heute ist jeder Gewinner.

Glas

Warzel bewahrt sein Haarwasser in einer **Glas**flasche auf. Vorsichtig, Warzel, sonst schüttest du womöglich etwas in dein Zahnputz**glas**.

glauben

Mamma Bär **glaubt,** daß die Vagabunden sich noch nie gewaschen haben. Sie ist ganz sicher.

gleich

Gluckudu packte in jeden Korb die **gleiche** Anzahl Eier. **Gleich** geht sie damit auf den Markt.

glücklich

Kikidi und Gluckudu sind sehr **glückliche** Eltern. Sie haben reizende Küken.

graben grub gegraben

Brummi **grub** im Garten eine tiefe Grube. Er hat so eifrig **gegraben,** daß seine Hose zerriß.

greifen griff gegriffen; begreifen

Wendelin möchte wissen, ob er schon wieder gewachsen ist. Darum **greift** er nach dem Zentimetermaß.
Begreife doch, Wendelin, daß du dich alleine nicht messen kannst.

groß größer am größten

Lucki ist **groß.** Quieker ist klein. Er wünscht sich **größer** zu sein, denn Lucki ist der **größte** Quälgeist auf der ganzen Welt.

Grund

Aus welchem **Grund** trägt Hau Ruck Gummistiefel? Vielleicht findet er dann **Grund** unter den Füßen.

gut besser am besten

Mau-Mau ist ein **guter** Junge. Er trägt seine **besten** Kleider. Er findet, daß Schokoladeneis **besser** ist als Vanilleeis.

Hh *Hh*

meine Hochachtung!

haben hatte gehabt

Graf Krah **hat** ein Flugzeug. Er **hatte** viel Ärger damit und mußte abspringen. Schau nur, er **hat** sich kopfüber an seinen Fallschirm gehängt. **Hast** Du so etwas schon einmal gesehen?

halb

Biber Kowitsch besitzt ein ganzes Bett. Elias hat kein Bett. Biber sägte sein Bett **halb** durch. Nun schläft jeder auf einer Hälfte.

halten hielt gehalten

Mamma Bär **hält** eine Kanne in der Hand. **Halte** sie richtig, Mamma. Ach nein, in der Kanne ist ein Löchlein.

hängen hing gehangen

Hoppi hat vergessen, seine Jacke an einen Haken zu **hängen.** Da **hängt** seine Mutter sie auf. Hoppi schneidet ein dummes Gesicht, als er plötzlich am Haken **hängt.**

hartnäckig

Hoppi Grashupf kann Misi gut leiden. Darum singt er vor ihrem Fenster „O sole mio". Misi möchte lieber schlafen. Aber Hoppi bleibt **hartnäckig.**

hatschi

Ali Kater macht **„hatschi!"**, wenn er niest.

Häuptling

Häuptling Mark wohnt in einem rauchigen Zelt.

heben hob gehoben

Hill bittet Bellentein, ihren Stuhl in das andere Zimmer zu tragen. Bellentein **hebt** Hill gleich mit hoch.

heiß

Heute ist es **heiß**. Mädi findet es **heißer** denn je. Molli glaubt, daß es der **heißeste** Tag des Jahres sein muß.

helfen half geholfen

Mau-Mau **hilft** Vater Katz, das Wohnzimmer in Unordnung zu bringen. Sie sind Mutters fleißige Helfer.

heute

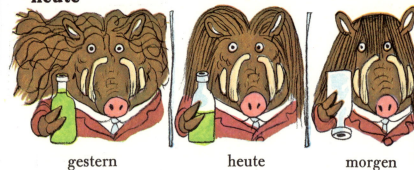

gestern heute morgen

Gestern war die Haarwasserflasche voll, **heute** ist sie nur noch halb voll. Morgen wird sie leer sein.

hinaus

Plinkereule wollte **hinaus**gehen. Da sie nicht durch die Tür gehen konnte, stieg sie durch das Fenster **hinaus.**

hinein

Kroko hat Halsweh. Doktor Pill schaut in den Hals **hinein,** um zu sehen, welche Medizin er verschreiben muß.

hinter

Brummi rennt **hinter** Quieker her. Als er ihn **hinter** dem Haus endlich gefangen hat, ist er sehr müde.

hinunter

Knolli klettert immer wieder die Rutschbahn hinauf. Dann rutscht er auf der anderen Seite wieder **hinunter.** Das ist schön.

hoch

Graf Krah fliegt **hoch** hinauf. **Hoch** oben macht er seine Kunststücke.

höflich

Muffi sagt: „Grüß Gott, Misi. Wie geht es dir?" Er ist sehr **höflich.** Er benimmt sich anderen gegenüber immer freundlich.

hohl

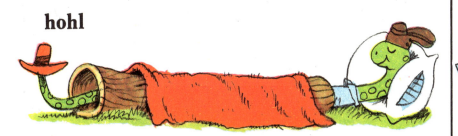

Wendelin schläft in einem **hohlen** Baumstamm. Im Bett trägt man doch keine Schuhe, Wendelin!

holen

Knolli Käfer **holt** Kartoffeln für den Winter. Eine hat er unterwegs verloren. Grimbart fragt hilfsbereit: „Soll ich sie dir **holen?**"

hören

Solchen Lärm hat Großmutter noch nie **gehört.**

Horn

Bobo besitzt drei **Hörner.** Auf einem **Horn** bläst er. An die anderen beiden hängt er Hut und Mantel.

hübsch

Mädi und Molli streiten sich, wer die **hübschere** ist. Ihr seid beide sehr **hübsche** Mädchen.

hungrig

Die Vagabunden sind sehr **hungrig.** Vor lauter Hunger essen sie ihre Hüte auf.

hupen

HUP! HUP! HUP! Dingo **hupt** gern mit seiner lauten Hupe.

husten   Husten

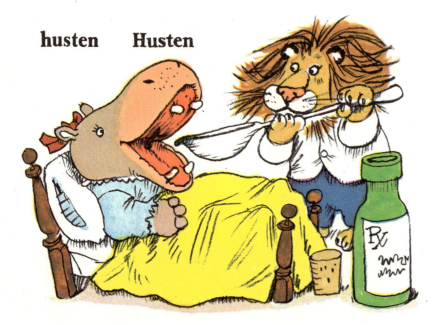

Die dicke Hilda hat einen schlimmen **Husten.** Doktor Pill gibt ihr einen Löffel **Husten**saft, damit sie nicht mehr **hustet.**

Ii *Ii*

ich   mein   mich

mich, mein, und ich

Ich bin die Superbiene! **Ich** bin unübertrefflich! **Ich** kann **mich, mein** und **ich** an den Himmel schreiben. Schaut **mich** an!

immer

Leo trägt **immer** eine rote Mütze. Er hat sie zu jeder Tageszeit auf dem Kopf.

in

Die dicke Hilda steckt **in** der Telefonzelle. Sie hat sich **in** dem engen Gehäuse eingeklemmt und telefoniert um Hilfe.

Inhalt

Ali Kater hat seine Eimer mit Farbe gefüllt. Der **Inhalt** der Eimer ist verschiedenfarbig.

Insekt

Möchtest Du gerne ein **Insekt** sein, wenn Du jeden Morgen so viele Schuhe anziehen mußt?

irgendwo

Piep hat sich **irgendwo** in Bellenteins Küche versteckt. Wo kann es bloß sein?

irren

Bei einem Buchstaben des Wortes „Kater" **irrte** sich Ali. Er machte einen Fehler.

ist

Säuli **ist** gefräßig. Er ißt den Kuchen ganz allein auf und läßt nur ein winziges Stückchen übrig.

Jj

ja

Sät I-aah auf seinem Dach Samen aus? **Ja!** I-aah ist ein fleißiger Bauer.

Jahr

Mau-Mau ist ein **Jahr** alt. Wieviel **Jahre** bist Du alt?

Jahreszeit

Frühling Sommer Herbst Winter

Ein Jahr besteht aus vier **Jahreszeiten:** Frühling, Sommer, Herbst und Winter.

jeder jede jedes

Im Spielwarengeschäft sagt Großmutter, daß sich **jeder** etwas wünschen darf. Kritzi würde gerne **jede** Puppe kaufen, während Kratzi **jedes** Spielzeug will, das Krach macht.

jedoch

Muffi sagte Biber, daß das Haus auf dem Kopf stehe. Biber hämmerte **jedoch** ruhig weiter.

jemals

Hast du **jemals** Wendelin Rollschuh fahren sehen? Quieker sieht es jetzt zum ersten Mal.

Je mehr

Je mehr Unsinn Hoppi treibt, desto ärgerlicher wird Mutti Häschen. „Nimm die Ohren von den Socken", schreit sie. Aber sie meint es natürlich umgekehrt.

jetzt

Hat Kikidi heute schon ein Ei zerbrochen? Nein, bis **jetzt** noch nicht!

jucken

Wendelin **juckt** es am Rücken. Ihm fällt es ja leicht, sich zu kratzen.

jung

Mau-Mau ist **jung.** Er ist **jünger** als sein Bruder Kratzi.

kalt

Im Eisschrank ist es **kalt.** Säuli öffnete ihn so oft, daß er sich erkältete.

Kampf

Lucki hat mit Theo gekämpft. Es war ein sehr ungleicher **Kampf.** Laß dir das eine Lehre sein, Lucki.

Karte

Theo und Wendelin spielen zusammen **Karten.**

kaufen

Warzel **kauft** in der Drogerie einen Kamm. Er hat einen guten **Kauf** gemacht. Er gibt dem Drogisten Geld dafür.

keiner

Keines der Häschen benimmt sich gut — weder das eine noch das andere. **Keine** der beiden Lehrerinnen hat es gern, daß sich ihre Schüler streiten.

Klasse

Fräulein Nelli unterrichtet die erste **Klasse.** Fräulein Tilli ist die Lehrerin der zweiten **Klasse.**

Kleider

Hoppis **Kleider** liegen verstreut umher. Jetzt sucht er nach seinem anderen Fausthandschuh. Warum kannst du deine **Kleider** nicht so sorgfältig aufhängen wie deine Schwester?

klein

Quieker liegt in seinem **kleinen** Bett. Er hat eine **kleine** Erkältung. Er wird bald wieder gesund sein.

klopfen

Elias **klopfte** so kräftig an die Tür, daß sie beinahe auf Quieker gefallen wäre.

kochen Kochtopf

Mutter Schwein ist eine gute Köchin. Gerade **kocht** sie eine Suppe. Aber wie ist bloß dieser Schuh in den **Kochtopf** geraten?

kommen kam gekommen

Tigo hat Peli Khan aufgefordert, zu einem Fischsuppen-Essen zu **kommen**. Peli **kam** und brachte Quieker mit.

können konnte gekonnt

Elias **kann** auf dem Kopf stehen. Er **könnte** das den ganzen Tag tun, wenn er wollte. Aber er will nicht.

Kopf

Elias befindet sich am **Kopf**ende der Schlange — ganz vorne dran. Er trägt einen großen Kohl**kopf** auf seinem **Kopf**. Kroko steht am Schwänzende der Schlange.

Korb

Die Schweinchen spielen im Wäsche**korb**. Was wird wohl Mutter Schwein sagen, wenn sie ihren **Korb** voller Schweinchen findet?

kosten

Muffi **kostet** Mamma Bärs Suppe. Obwohl die Zutaten viel Geld **gekostet** haben, schmeckt die Suppe überhaupt nicht. Was hast du nur hineingetan, Mamma?

Kraft

Misi ist in die Suppe gefallen. Sie hat nicht genügend **Kraft,** um sich allein aus der Schüssel zu helfen. Superbiene ist kräftig. Sie wird Misi helfen.

krank

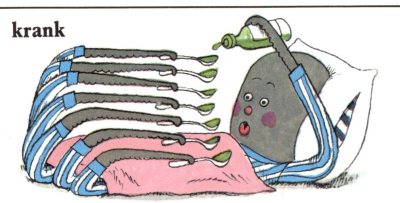

Theo ist **krank.** Er hat eine Krankheit, gegen die er jeden Tag viele Löffel Medizin schlucken muß.

Kreis

Graf Krah zog ununterbrochen **Kreise.** Da ging das Benzin aus, und er hörte auf zu kreisen.

Küche

Mamma Bär ist zum Einkaufen gegangen. Die drei Vagabunden wollen in der **Küche** einen Kuchen backen. Sie möchten Mamma gerne überraschen. Und das wird ihnen auch gelingen.

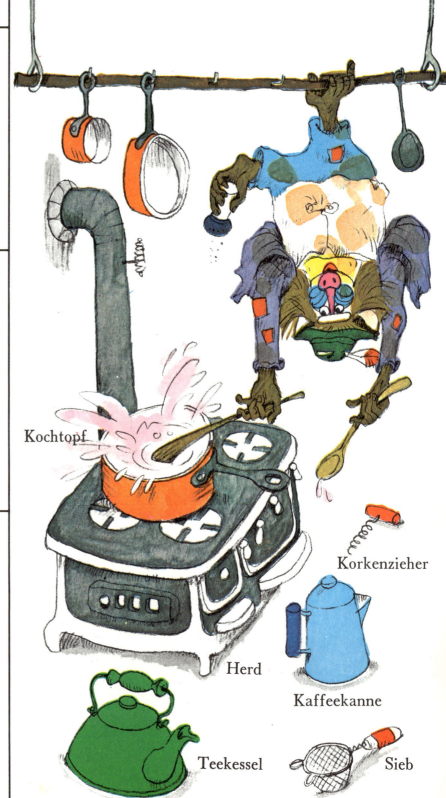

Kochtopf
Korkenzieher
Herd
Kaffeekanne
Teekessel
Sieb

Ll

lachen

Mädi hat Molli etwas Lustiges erzählt. Jetzt **lachen** und kichern sie.

lagern

Hansi Eichhorn **lagert** seine Nüsse auf den Regalen in seinem Lager. Er bewahrt sie dort auf, bis sie verkauft sind.

landen

I-aah baut auf seinem Stück Land Gemüse an. Schon wieder ist dieser verrückte Graf Krah auf seinem Scheunendach **gelandet.**

lang

Muffi hat einen sehr **langen** Rüssel. Misi mißt mit **langen** Schritten seine Länge aus.

langsam

Dingo weiß, daß er vor einem Kinderspielplatz **langsamer** werden muß. Deshalb fährt er nicht so schnell.

lassen ließ gelassen

Vater Katz **läßt** Mau-Mau mit seiner Taschenuhr spielen. Er hat es ihm erlaubt. Leichtsinniger Vater.

lebendig

Ist die dicke Hilda tot? Nein, sie ist **lebendig.** Sie gähnt nur.

lecken

Das Wasserrohr **leckt**. Hans Dampf hat sich das Maul **geleckt** und versucht nun, das Leck zu verstopfen.

Leckermaul

Mau-Mau ist kein **Leckermaul.** Er interessiert sich nicht für Schlagsahne. Wenn er groß ist, will er ein Trommler werden.

leer

Das Faß war mit Sirup gefüllt. Jemand hat es umgeworfen, und nun ist es **leer**. Laß deinen Schwanz nicht in den Sirup hängen, Leo.

legen

Biber Kowitsch **legte** seine Mütze auf den Tisch. Da brach der Tisch zusammen. **Lege** deine Mütze das nächste Mal woanders hin.

lehren

Der Lehrer **lehrt** die Kinder Lesen und Schreiben. Plinkereule lernt lesen, Bellentein lernt schreiben.

leicht

Brummi hat es **leicht.** Pappa muß ihn und seinen **leichten** Koffer schleppen. Pappa hat es schwer.

lernen

Die dicke Hilda **lernt** gerade radfahren.

lesen las gelesen

Liest Mamma ein Lesebuch? Nein, es ist ein Kochbuch. Aber du **liest** es ja verkehrt herum, Mamma.

letzt

Da Muffi als **letzter** den Bus bestieg, fand er drinnen keinen Platz mehr.

Licht

Wenn Mutter das **Licht** anknipst, wird es hell im Zimmer. Vater kann im Dunkeln nicht lesen.

lieben lieb

Kitty **liebt** Säuli. Sie gibt ihrem **lieben** Freund einen dicken Kuß.

liegen lag gelegen

Die dicke Hilda **liegt** auf zwei Stühlen, weil sie für einen zu dick ist.

Linie

Mit dieser Bus**linie** erreicht Vater Schwein die Stadt. Ali Kater muß in der Mitte der Straße eine **Linie** ziehen.

links

Seifi schlüpft in seinen **linken** Schuh. Den rechten trägt er auf dem Kopf.

Loch

Gordon hat ein **Loch** im Dach. Bis jetzt hat er es noch nicht geflickt, denn bei Regenwetter ist es zu naß zum Arbeiten. Und wenn die Sonne scheint, läßt er sich durch das **Loch** hindurch bescheinen.

Luft

Wendelin braucht **Luft** zum Atmen, aber er kann sie nicht sehen. Superbiene surrt durch die **Luft**. Atme nicht aus Versehen Superbiene ein, Wendelin.

lügen log gelogen

Als Mamma Bär Brummi fragt, wer den Blumen Wasser gegeben habe, **lügt** er nicht. Er sagt die Wahrheit.

Mm *Mm* märchenhaft!

machen

Biber Kowitsch will etwas Neues **machen**. Er zimmert einen Wagen. **Mach** nicht solchen Lärm!

Magen

Wendelin hat **Magen**schmerzen. Dr. Pill durchleuchtet seinen **Magen**.

mahlen

Vater Schwein hat einen Sack Mehl beim Müller **mahlen** lassen. Was tust du da, Väterchen? Ist das Mehl zu grob **gemahlen?**

malen

Ali Kater **malt** ein Bild. Er benützt verschiedene Farben wie ein richtiger Maler.

manchmal

Manchmal ißt Otto nur einen Apfel, aber **manchmal** hat er so großen Hunger, daß er zwei zugleich verspeist.

Maschine

Hans Dampf kann jede **Maschine** reparieren.

Nähmaschine
Kamera
Ventilator
Schreibmaschine

Medizin

Schwester Walrosa gibt Doktor Pill seine **Medizin.** Gleich wird er sich besser fühlen.

mindestens

Säuli ißt **mindestens** zehnmal am Tag. Das ist das **mindeste**.

Minute

In einer **Minute** wird Biber den Baum umgelegt haben. Es dauert nur noch ganz kurze Zeit.

mischen

Frau Fischkopf probiert ein neues Rezept aus. Sie **mischt** Seetang, Sand und Muscheln in die Suppe. Hoffentlich müssen Sie die Suppe nicht selber auslöffeln, Frau Fischkopf.

mit

Brummi ißt seine Suppe **mit** einem Löffel, während Muffi sie **mit** dem Rüssel schlürft. Hat er nicht sehr schlechte Manieren?

Mitte   mitten

Graf Krah landete in der **Mitte** des Teiches. Er ist **mitten** hineingeplumpst.

mögen   mochte   gemocht

Tigo **möchte** einen großen Fisch fangen. Er zieht mit aller Macht an der Angelschnur. Aber diesen Fisch **mag** er nicht.

Müll

Stinki fährt den **Müll** mit dem **Müll**auto zum **Müll**abladeplatz.

munter

Hoppi Grashupf ist froh und **munter.** Er singt **muntere** Lieder.

Musik

Kratzi macht auf seinen Instrumenten oft **Musik**. Er ist ein großer Musikant. Manchmal singt Großmutter zu Kratzis **Musik**. Das klingt dann wie ein ganzes Orchester.

müssen mußte gemußt

Plinkereule **müßte** die Tür schließen, damit der Schnee nicht ins Zimmer eindringen kann.

Nn

närrisch!

Nachbar

Otto hat einen neuen **Nachbarn**. Es ist Knolli Käfer, der gerade in das Haus nebenan gezogen ist.

nahe

Die Vagabunden schieben sich ganz **nahe** an den Tisch heran. Ihre Mäuler hängen dicht über den Tellern, denn es ist bald Essenszeit.

nanu

Nanu, Quieker, seit wann liest du so große Bücher?

Name

Dieser Frosch hat einen **Namen.** Er heißt Fröschel. Einen Nach**namen** hat er nicht.

neben

Spitzi sitzt **neben** der dicken Hilda. Er sitzt ihr am nächsten. Paß auf! Der Platz **neben** ihr ist gefährlich.

nehmen   nahm   genommen

Gordon **nimmt** Hill auf einen Spaziergang mit. Er hat sie bei der Hand **genommen.** Bellentein **nimmt** sich etwas aus dem Picknickkorb.

nett

Mau-Mau ist ein sehr **nettes** Kind, wenn er schläft.

neu

Pappa Bär hat drei **neue** Anzüge gekauft. Aber da die drei Vagabunden schon längst etwas Neues zum Anziehen brauchten, schenkte ihnen Mamma Bär die **neuen** Sachen.

nicht   nichts

Tigo hat bis jetzt **nicht** einen Fisch gefangen. Auch bei Käpt'n Fischkopf hat noch **nichts** angebissen.

niedrig

Auch bei hellem Mondschein solltest du nicht zu **niedrig** fliegen, Graf. Du könntest die Schornsteine rammen!

niemals

Ali Kater sagt: „Ihr durtt **niemals** mit Zündhölzern spielen, nicht ein einziges Mal, denn das ist sehr gefährlich!"

nur

Häuptling Mark hat **nur** einen Bogen. Jetzt ist er zerbrochen. Hätte er ihn **nur** nicht so stark gespannt!

niemand

Ein Schweinchen hat keinen Hut. **Niemand** will ihm einen geben.

ordentlich!

Oo Oo

nun

Nun muß Dingo sofort anhalten. Jetzt, in diesem Augenblick!

oben

Von **oben** sieht man am besten, denkt Mandi. Löli liegt unten und ist anderer Meinung.

obwohl

Die Schweinchen müssen ins Bett gehen, **obwohl** sie gar nicht wollen.

offen

Stinki ließ die Tür **offen.** Er vergaß, sie zu schließen.

öffnen

Kroko **öffnete** eine Büchse seiner Lieblingssardinen und verschlang sie gierig.

oft

Wendelin ißt **oft** mehrere Melonen auf einmal. Er tut das häufig.

oh

Franzi ist krank. Er jammert: „**Oh,** mein Hals tut mir so weh. **Oh** jeh!"

ohne

Vater ißt sein Abendessen, **ohne** hinzusehen. Es ist **ohne**hin kalt geworden.

ölen

Dingo **ölt** sein Auto. Ohne Öl würden die Räder quietschen.

ordnen

Mutti befahl Hoppi, Ordnung in seine Sachen zu bringen. Er **ordnete** sie der Größe nach. Ordentlicher Junge!

Ort

Doktor Pill ruht sich an einem sonnigen **Ort** aus. Tigo kommt, um ihm Gesellschaft zu leisten.

Pp

Paar

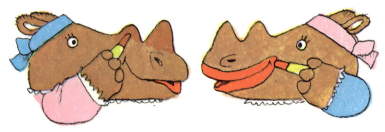

Zwei Dinge, die einander gleichen, bilden ein **Paar.** Zum Beispiel diese beiden Mädchen.

paar

Ein **paar** Vagabunden standen auf der Brücke. Sie waren ziemlich dreckig. Nachdem sie ein **paar**mal untergetaucht waren, glaubten die drei, sie wären sauber.

packen

Pappa Bär hat das Reisefieber **gepackt.** Er nimmt seine Sachen aus dem Schrank und **packt** nun seinen Koffer.

Paket

Leo hat ein schönes **Paket** gemacht. Leider hat er auch seinen Fuß mit hineingepackt.

Papier

Ali Kater zerreißt altes Zeitungs**papier**. Buchseiten sind aus **Papier** gemacht. Vorsicht beim Umblättern, Quieker, damit du sie nicht zerreißt!

Park parken

Dingo wollte in den Tier**park** gehen. Da er auf dem **Park**platz keine Lücke fand, **parkte** er sein Auto auf dem Bus.

pflanzen

I-aah geht durch den Garten und sät und **pflanzt**. Oh, diese Pflanzen wachsen aber sehr schnell.

Pfund

Die dicke Hilda hat sich im Metzgerladen auf die Waage gestellt. Sie wiegt achthundert **Pfund.**

planen

Wenn Biber Kowitsch sich vorher einen Plan gemacht hätte, besäße das Haus nun Fenster. Leider hat er nicht daran gedacht. Das nächste Mal muß er besser **planen.**

plötzlich

Gordon spielte auf seinem Dudelsack. **Plötzlich** platzte der mit einem lauten Knall.

Polizist

Der **Polizist** hat eine Gangsterbande gefangen und bringt sie nun ins Gefängnis.

Preis

Vati fragt Mutti nach dem **Preis** ihres neuen Hutes. Mutti antwortet, daß er sehr **preis**wert sei.

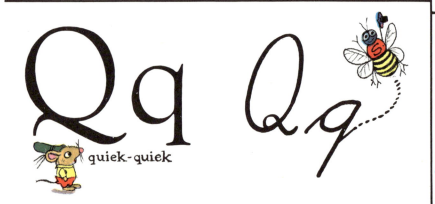

quiek-quiek

quaken

Fröschel **quakt** kläglich, als Grimbart ihn aus dem Zementbad zieht.

quälen

Bulli **quält** Quieker. Er bespritzt ihn mit dem Wasserschlauch.

Qualm

Dicker **Qualm** kommt aus dem Backofen. Du weißt sicher schon, was passiert ist. Heute wird es wieder angebrannten Kuchen geben.

quer

I-aah fährt mit seinem Traktor **quer** durch den See.

quetschen

Die dicke Hilda wollte wissen, ob die Melone reif ist. Sie hat sie stark **gequetscht.**

R r *R r*

rasen

Vater Katz **rast** zum Zug. Er ist in großer Eile.

Rauch

Wärend Hau Ruck nachsieht, warum **Rauch** aus Mammas Ofen kommt, raucht er seine Pfeife.

Regel

Mutter Schwein hat die **Regel** aufgestellt, daß Säuli sich vor dem Essen **regel**mäßig Gesicht und Hände waschen muß.

regnen

Es **regnet.** Hoppi und Misi sitzen unter einem Fliegenpilz, um sich vor dem Regen zu schützen.

reiben rieb gerieben

Mutter Schwein entdeckte auf Vater Schweins Mantel einen Fleck. Sie **rieb** mit einem Fleckenentferner so lange auf ihm herum, bis er nicht mehr zu sehen war.

Reise

Grimbart machte eine große **Reise** über das Meer. Da flog sein Hut davon und reiste ganz allein wieder nach Hause. Gute **Reise!**

reißen riß gerissen

Mutti Häschens Kette ist **gerissen.** Schade um die schöne Kette, Mutti.

rennen rannte gerannt

Dingo und Graf Krah **rannten** zu ihren Fahrzeugen und starteten zu einem Wett**rennen.** Sie wollten sehen, wer schneller ist.

retten

Knolli ist ins Wasser gefallen. Rasch eilt Frau Fischkopf zur Rettung herbei, wirft eine Rettungsleine aus und **rettet** Knolli vor dem Ertrinken.

riechen roch gerochen

Muffi hat **gerochen,** daß in Mamma Bärs Küche etwas angebrannt ist.

riesig

Käpt'n Fischkopf hat ein Fischlein gefangen. Es ist nicht **riesig.** Tigo fing einen wahren Riesen von Fisch.

Rolle rollen

Schau nur, was dort den Hügel herunter**rollt.** Ein Rad, ein Ball, eine Papier**rolle** und Wendelin!

Rücken

Als Hau Ruck aus dem Laden zurückkam, trug er auf seinem **Rücken** einen Ofen. Dingo fuhr rückwärts und verbeulte die Rückseite von Hau Rucks Lieferauto. Aber Dingo!

Ruhe

In der Bücherei soll **Ruhe** herrschen. Da Lucki laut war, brachte Bellentein ihn zum Schweigen. Jetzt ist Lucki ruhig.

rund

Spitzi rennt **rund** um den Pflock. Er hat schon zehn Runden gedreht. Warum läufst du immer nur im Kreis herum, Spitzi?

sauber

Seifi ist **sauberer** als Hoppi. Gerade hat Hoppi Gesicht und Hände gesäubert. Nun muß er das Badezimmer **sauber**machen.

scharf

Der Metzger benützt zum Wurstschneiden ein **scharfes** Messer.

scheinen   schien   geschienen

Warzel hat sein Haar anscheinend mit Fett eingeschmiert. Die Sonne **scheint** auf sein glänzendes Haar. Er **scheint** sehr stolz zu sein.

schließen   schloß   geschlossen

Tigo **schloß** die Tür hinter sich. Er schmetterte sie zu. Das nächste Mal will er sie leise **schließen.**

Schlüssel

Aber Misi, was machst du denn im **Schlüssel**loch? Schrumpel kann den **Schlüssel** nicht hineinstecken.

schmelzen schmolz geschmolzen

Warum ist das Eis **geschmolzen?** Mamma hat es auf den Ofen gelegt statt in den Eisschrank. Da muß es natürlich **schmelzen.**

Schmerzen

Säuli hat zu viele Äpfel gegessen. Jetzt hat er Bauch**schmerzen.**

schmutzig

Franzi spielt im Schmutz. Bist du aber **schmutzig!**

schneiden schnitt geschnitten

Vater Katz kaufte sich eine neue Krawatte. Großmutter fand, daß sie zu lang sei, und **schnitt** ein Stück ab. Aber soviel hätte sie nicht abzu**schneiden** brauchen.

schnell

Wenn Mamma Bär jetzt nicht **schnell** den Topf vom Feuer nimmt, wird sie in der Suppe ertrinken.

schon

Säuli hat seine Mahlzeit gerade beendet. Jetzt ist er **schon** wieder hungrig. Wie kann man nur so verfressen sein!

schreiben schrieb geschrieben

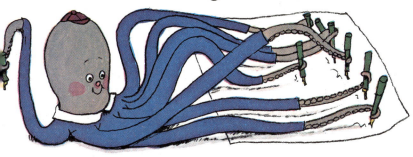

Theo Tinti **schreibt** einen Brief. Gestern hat er zwei Briefe gleichzeitig **geschrieben.**

schreien schrie geschrien

Als Quieker aus Versehen auf Käpt'n Fischkopfs Schwanz trat, **schrie** der Käpt'n laut. Das war ein Geschrei.

Schritt schreiten

Franzi **schritt** mit großen **Schritten** die Treppe hinunter.

schürfen

Peli Khan fiel hin und **schürfte** sein Kinn auf.

schütteln

Franzi und Peli **schütteln** sich die Krallen, wenn sie einander begegnen. Mutti **schüttelt** den Staub aus ihrem Staubwedel.

schwer

Säuli ist **schwer.** Er wiegt sehr viel. Bellentein meint, daß Säuli **schwerer** ist als er. Die dicke Hilda ist natürlich am **schwersten.**

schwimmen schwamm geschwommen

Weil sein Auto nicht **schwimmen** kann, muß Dingo es durchs Wasser tragen.

schwingen schwang geschwungen

Krabbelkrabbe **schwingt** einen Apfel an einer Schnur hin und her. Knolli **schwingt** sich auf der Schaukel hoch in die Luft.

sehen sah gesehen

Als Doktor Pill kam, um nach der kranken Großmutter zu **sehen, sah** er, daß sie bereits wieder gesund war.

sehr

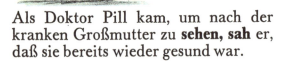

Wendelin ist **sehr** müde. Da er **sehr** lang ist, liegt er nur zur Hälfte im Bett.

selbst

Mamma Bär mißt **selbst** die Menge Mehl ab, die sie zum Kuchenbacken braucht. Sie macht es eigenhändig. Aber **selbst** Mau-Mau würde dabei nicht soviel verschütten.

setzen

Kroko versucht, sich auf einen Stuhl zu **setzen.**

sicher

Mutter Katz war **sicher,** daß das Bild nicht **sicher** genug an der Wand hing.

sie

Kritzi hat Sorgen. Ihre Puppe ist krank. **Sie** muß **sie** pflegen.

singen sang gesungen

Hoppi **singt** den Mond an. Er ist ein guter Sänger.

sinken   sank   gesunken

Tigo hat die dicke Hilda auf eine Bootsfahrt mitgenommen. Hilfe! Das Boot ist **gesunken.**

sitzen   saß   gesessen

Mutti hat ihren Hut auf dem Sitz liegenlassen. Gleich wird Hannibal auf ihm **sitzen.**

so

Krabbelkrabbe hat **so** große Scheren, daß ihr kein Handschuh paßt. **Soso.**

sollen

„**Soll** ich Ihnen Ihre Medizin geben?" fragt Schwester Walrosa den Doktor. „Ich **soll** sie wohl nehmen", meint er.

sonst

Kratzi trägt eine Trommel auf seinem Kopf. Trägt er **sonst** noch etwas? Jetzt darf er noch nicht darauf spielen, **sonst** wird Großmutter böse.

spielen

Seifi und Leo **spielen** ein Ringspiel. Franzi **spielt** gerne Pirat.

springen   sprang   gesprungen

I-aah **springt** auf seinen Traktor. Er kann fast genauso gut **springen** wie Knolli.

stark

Bellentein ist **stark.** Er ist **stärker** als Quieker, denn er kann ihn und die Eisenbahn in die Höhe stemmen.

stecken   Stecken

Säuli blieb im Schlamm **stecken.** I-aah holte einen **Stecken.** Damit zieht er ihn jetzt heraus.

stehen   stand   gestanden

Hoppi **steht** an einem Würstchenstand. Säuli hat sich hingesetzt.

stoßen   stieß   gestoßen

Brummi hat die Küchentür zu hastig auf**gestoßen.**

streichen   strich   gestrichen

Gerade hat Ali Kater den Fußboden fertig **gestrichen.** Leo **streicht** um das Haus herum und hat einen Streich ausgeheckt.

Streifen   gestreift

Vater Schwein wünscht sich einen **gestreiften** Anzug. „Das ist ganz einfach", sagt Ali Kater und malt ihm **Streifen** darauf.

streiten stritt gestritten

Spitzi und Stumpfi **stritten** sich um ein Fahrrad. Da brach es entzwei, und der Streit war beendet.

Stunde

Ein Tag hat 24 **Stunden**. Davon darf Quieker einige **Stunden** spielen, zwei **Stunden** ißt er, und in den Nacht**stunden** schläft er.

süß

Zucker ist **süß**. Zitronen schmecken sauer. Leo wollte mit einer Zitrone seinen Brei **süßen**. Das war ein Irrtum.

toll!

Tt *Tt*

tanzen

Ali Kater **tanzt** mit Quieker. Sie sind gute Tänzer, findet Spitzi, der zum Tanz aufspielt.

tapfer

Warzel ist sehr **tapfer**. Er fürchtet sich nicht davor, zum Friseur zu gehen. Danach wird er so schön sein, daß ihn keiner wiedererkennt.

Tatsache

Dingo ist ein schlechter Autofahrer. Das ist eine **Tatsache**. Wir wissen, daß das stimmt.

tauschen

Mutter Katz hat Vater einen zu großen Hut gekauft. Vater trägt ihn in den Laden zurück und **tauscht** ihn um.

teilen

Mamma **teilt** den Kuchen in drei Teile.

tragen   trug   getragen

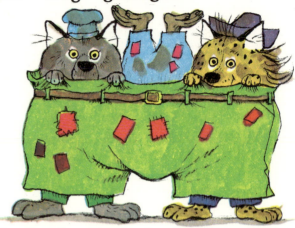

Die Vagabunden **tragen** alte, **getragene** Kleider. Mandi, wie schlüpfst du denn in die Hose?

traurig

Die Schweinchen sind **traurig.** Weißt Du warum?

Tier

Alle **Tiere** können sich bewegen. Einige **Tiere** fliegen. Einige **Tiere** haben Schwänze. Einige hüpfen, springen und rennen. Einige **Tiere** kriechen und schlängeln sich am Boden. Einige **Tiere** tragen Hörner.

treffen traf getroffen

Pappa fiel in eine Baugrube und **traf** Hau Ruck. „Nett, daß wir uns auch einmal **treffen**", sagte er.

triftig

Knolli Käfer wäscht seine Kartoffel. Sie ist schmutzig. Das ist ein **triftiger** Grund.

trinken trank getrunken

Säuli **trinkt** gerne Milch. Aber **trinkt** er nicht aus einem zu großen Glas?

trocken trocknen

Hoppi hat sich zum Abwaschen sein Regenzeug angezogen, um **trocken** zu bleiben. Fluppi **trocknet** das Geschirr ab.

Tropf Tropfen tropfen

Ali ist ein **Tropf**. Als ein **Tropfen** Farbe auf seine Nase **tropft,** läßt er seinen Farbtopf fallen.

tun tat getan

Wendelin fragt: „Was kann ich für Sie **tun**? Ich werde den Schornstein fegen. Wenn ich etwas **tue,** dann **tue** ich es gründlich." Schau, was Wendelin **getan** hat.

Uu *Uu*

unglaublich!

Überraschung überraschen

Pappa wollte Mamma **überraschen.** Sie hatte keine Ahnung davon. Da es sehr kalt war, trug er die **Überraschung** auf der Nase nach Hause.

überreichen

Der Polizist **überreicht** Dingo einen Strafzettel, weil er zu schnell gefahren ist.

um

Um 12 Uhr geht Gluckudu zu Kikidi, **um** ihm noch einen Korb Eier zu bringen.

umarmen

Mädi **umarmt** Warzel. Sie legt ihre Arme um ihn.

Umschlag

Krabbelkrabbe schrieb einen Brief und steckte ihn in einen **Umschlag.**

und

Kroko **und** Spitzi sind gute Freunde. Kroko legt sich quer über den Bach, **und** Spitzi läuft ans andere Ufer.

Unfall

Dingo war wieder einmal schuld an einem **Unfall.** Unerhört!

ungezogen

Mau-Mau will nicht **ungezogen** sein. Aber er kann es einfach nicht lassen, Unsinn zu treiben.

unser

Mädi fragt Molli: „Sind **unsere** Hüte nicht wunderschön?"

unter

Plinkereule lernt fliegen. Quieker läuft als Motor **unter** ihr her.

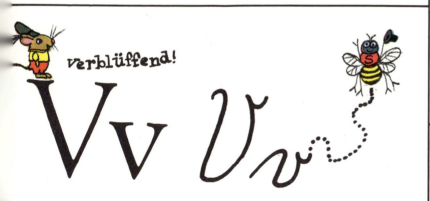

Verband

Hannibal Elefant verletzte sich an seinem Rüssel. Quieker hat ihm einen **Verband** angelegt.

vergessen vergaß vergessen

Dingo fährt aus der Garage. Oh jeh, er hat **vergessen,** vorher das Tor zu öffnen.

verkaufen

Mutti schickte Vati in den Laden, um einen Besen zu kaufen. Der Verkäufer **verkaufte** ihm noch eine Menge anderer Dinge.

verlieren verlor verloren

Häuptling Mark **verlor** alle seine Pfeile im Wald. Als er sie suchen wollte, **verlor** er den Weg. I-aah fand ihn und führte Mark nach Hause.

verschieden

Die Schweinchen gleichen sich wie ein Ei dem anderen. Schrumpel und Bellentein dagegen sind ganz **verschieden.** Sie sehen sich überhaupt nicht ähnlich.

verschwenden Verschwendung

Mutti **verschwendete** eine Menge Stoff, als sie ein Kleid für Fluppi schneidern wollte. Sie machte viele Fehler. Was für eine **Verschwendung!**

versprechen versprach versprochen

Käpt'n Fischkopf **versprach,** zum Abendessen einen Fisch mitzubringen. Er hielt sein **Versprechen.**

versuchen

Die Vagabunden **versuchten** herauszufinden, wozu Seife nützlich ist. Sie **versuchten,** sie zu essen, und entschieden, daß Seife nichts tauge. **Versucht** es noch einmal.

viel mehr am meisten

Die Vagabunden probieren Mamma Bärs Marmelade. „Hmm, ich fühle mich **viel** besser", sagt Wolfi. „Gibt es noch **mehr?"** fragt Löli. „**Am meisten** klebt in deinem Gesicht", lacht Mandi.

Viertel

Mamma Bär schnitt den Kuchen in vier gleiche Teile. Brummi bekam ein **Viertel,** und die Vagabunden drei **Viertel.**

Vogel Die **Vögel** haben Federn und Flügel. Schaut auf das **Vögelchen**! Fliegt nicht fort, sonst werdet ihr nicht fotografiert.

voll

Mau-Mau fand in der Erde einige blitzende Diamanten. Eine Schaufel **voll** schenkte er seiner Mutter. **Voller** Freude bewunderte sie die Steine. Einen Diamanten behielt Mau-Mau für sich.

vorne

Der Fahrer sitzt immer **vorne** im Bus. Gordon sitzt hinten. Misi geht gerade nach **vorne**. Vater Schwein sitzt mit dem Rücken zur Fahrtrichtung.

Vater Katz rennt hinter dem Bus her. Wer fährt vor dem Bus? Und wer unter ihm?

Ww Ww

wunderbar!

wach

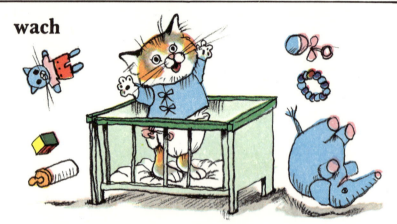

Mau-Mau hat geschlafen. Jetzt ist er **wach.**

wachsen wuchs gewachsen

Gordon ist stolz, daß in seinem Garten alles so gut **wächst.** Bellentein ißt Gemüse, um noch zu **wachsen.**

wählen

Elias **wählt** den Hut aus, den er im Zirkus tragen will. Die Wahl fällt ihm schwer.

während

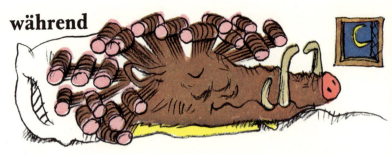

Während Warzel schläft, trägt er Lockenwickler, damit er am Morgen wieder schön ist.

Wäsche

Graf Krah fliegt in die **Wäsche,** die zum Trocknen auf der **Wäsche**leine hängt.

warm

Kroko fror. Er zog sich ein paar **warme** Sachen an, damit ihm **wärmer** wurde.

was

Was ist denn da passiert?

warum

Warum geht Gluckudu über die Straße? Aus welchem Grund soll sie nicht gehen? Sie will herausfinden, **warum** die Vagabunden lachen.

Wasser

Schiffe läßt man auf dem **Wasser** fahren. Das Regen**wasser** fällt vom Himmel. Auch aus Schläuchen kann **Wasser** kommen. **Wasser** ist immer naß.

wecken

Der Käpt'n hielt sein Mittagsschläfchen. Als Tigo versuchte, eine Fliege zu fangen, **weckte** er den Käpt'n auf. Ein schöner Wecker.

weg Weg

Graf Krah fliegt mit seinem Flugzeug **weg.** Er macht sich auf den **Weg.** Auf Wiedersehen, Graf!

weil

Warzel kann sich nicht kämmen, **weil** sich Vögel in seinem Haar eingenistet haben.

welch

Durch **welches** Tor ist I-aah aus der Scheune hinausgefahren? **Welchen** Weg hat er genommen?

wenig

Die Motten haben nur sehr **wenige** Federn von Marks Kopfschmuck übriggelassen. Sie haben fast alle aufgefressen.

wenn

Wenn es zu regnen aufgehört hat, will Hannibal spazierengehen.

wer   wessen   wem

Wer hat die Stiefel dort stehen gelassen? **Wessen** Stiefel sind es? **Wem** gehören sie?

werden

Wendelin, was soll daraus **werden**? Du wirst viel Mühe haben, dich wieder zu entwirren.

werfen warf geworfen

Spitzi **warf** einen Ball zu Franzi hinüber. Franzi fing ihn mit seinem Schnabel auf.

Wetter

Bei schönem **Wetter** bringt I-aah seine Ernte lieber ein als bei Regen**wetter.**

Vor Donner**wetter**, Sturm und Blitz versteckt er sich auf dem Heuboden.

Im Winter ist das **Wetter** kalt, und I-aah muß Schnee schaufeln.

Manchmal aber ist das **Wetter** so neblig, daß I-aah nicht sehen kann, wohin er tritt.

wie

Säuli weiß, **wie** gut der Kuchen schmeckt. **Wie**viel hat er schon gegessen? Alles? **Wie** fühlst du dich, Säuli?

wieder

Leo versuchte immer **wieder** über die Brücke zu gehen. Es gelang ihm nicht sofort.

wir unser uns

„**Wir** wollen jetzt **unsere** Aufgabe lernen", befiehlt Gluckudu. „Auch wenn einer von **uns** etwas anderes liest".

wo

Wo ist der Kuchen?

Wort

Als Piep zu sprechen anfing, waren seine ersten **Worte:** „Wau wau!"

x-mal

Schwester Walrosa schimpft: „Ich habe dir schon **x-mal** gesagt, daß du im Bett bleiben mußt. Jetzt wirst du festgebunden."

Xanthippe

Mamma Bär ist keine **Xanthippe.** Wenn sie eine wäre, würde sie jetzt mit Pappa schimpfen, weil er einen zu großen Mantel gekauft hat.

Xylophon

Großmutter beschließt, Kratzi ein **Xylophon** zu schenken. Dieses Instrument macht viel weniger Krach als die Trompete.

Yvonne

Fluppi ist unglücklich. Sie möchte viel lieber **Yvonne** heißen.

York

Graf Krah wollte von **York** in England nach New **York** in Amerika fliegen. Da verlor er ein Rad und mußte wieder umkehren.

zahlen

Mutter Katz hat Gemüse eingekauft und muß jetzt **zahlen.** Sie gibt dem Gemüsehändler Geld für seine Ware.

zählen unzählig

Unzählige Ameisen krabbeln auf Spitzis und Stumpfis Picknick herum. Kannst Du **zählen,** wieviele es sind?

zeichnen

Die Schweinchen haben sich Vaters Hüte aufgesetzt. Ali **zeichnet** auf jeden Bauch ein Gesicht. So lustige Zeichnungen hat er noch nie gemacht.

zeigen

Spitzi **zeigt** Quieker, was Bobo für einen merkwürdigen Hornschmuck hat. Er **zeigt** mit dem Finger darauf.

Zeit

Die Wanduhr zeigt Vater die genaue **Zeit** an. Es ist höchste **Zeit,** zur Arbeit zu gehen. Vater hat nicht einmal mehr **Zeit,** einen Anzug anzuziehen.

zerbrechen   zerbrach   zerbrochen

„Spiel nicht mit meiner Uhr, sonst **zerbrichst** du sie womöglich", sagt Vater zu Mau-Mau. Aber die Uhr ist schon **zerbrochen.** Mau-Mau **zerbricht** alles, was ihm in die Finger gerät.

zerreißen   zerriß   zerissen

Wolfi sucht ein Stück Kuchen. Ungeduldig **zerreißt** er seine Jacke, weil er es nicht finden kann.

zielen

Bobo **zielt** auf die Löcher im Brett. Aber er trifft manchmal daneben.

Zimmer

Elias hat viele Leute eingeladen. Sein **Zimmer** ist jedoch so klein, daß sogar Misi keinen Platz mehr darin findet.

zittern

Kroko nimmt eine kalte Dusche. Brrrrr! Er **zittert** vor Kälte. Er klappert mit den Zähnen.

Zukunft

Du weißt schon, was mit Mammas Kuchen passiert ist. In **Zukunft** sollte sie besser aufpassen.

Zündholz

Quieker schaut zu, wie Vater Katz das Feuer mit einem **Zündholz** anzündet.

zurück

Frau Fischkopf kam mit einem neuen Hut aus der Stadt **zurück.** Der Käpt'n befahl ihr, den Hut **zurück**zugeben.

zusammen

Hans Dampf arbeitet **zusammen** mit Biber an Dingos Auto. Sie versuchen, mit vereinten Kräften das Auto zu reparieren. Armes Auto!

zwischen

Zwischen Mädi und Molli steht ein Glas Limonade. Die beiden Mädchen teilen es **zwischen** sich. Jedes Mädchen darf die Hälfte der Limonade trinken.